Beat Trachsler

s wienächteled
z Baasel

Fotene und Gidangge
vor em Fescht

mid eme Voorwoort
vom -minu

GS-Verlag Basel

Em Doggter Ruedi Suter danggt der Autoor häärzlig fir sy frindt-
schaftligi Hilff bym Duurelääse vo de Täggscht vor em Drugg.

Die Deutsche Bibliothek - CIP-Einheitsaufnahme

S wienächteled z Baasel: Fotene und Gidangge vor em Fescht/
Beat Trachsler. - Basel: GS-Verl., 1994
   ISBN 3-7185-0140-6

© 1994 GS-Verlag Basel
Gestaltung: Beat Trachsler, Basel
Verlagsdatenverarbeitung
ISBN 3-7185-0140-6

Inhalt

Vorwort   6

Der Wienachtsmäärt   9

D Montere   21

Im Liecht vo den eleggtrische Lämpli   31

D Wienachtsbaim im Häärz vo der Stadt   41

Kuugele, Keerzen und Glitzerzyyg   57

D Wienachtskrippe   65

In der Wienachtsstuube   73

S Wienachtsässe   83

Wenn alli Glogge lyte ...   92

„Weihnachten beginnt nicht einfach Schlag sieben am Heiligen Abend ..."

Das Wichtigste an Weihnachten, das Wichtigste am Heiligen Abend sind nicht etwa, wie so oft behauptet, die Geschenke. Oder der Lichterbaum. Oder das Nachtessen mit dem Familien-Clan. Nein. Das Wichtigste ist die Vorfreude. Denn Weihnachten beginnt nicht einfach Schlag sieben am Heiligen Abend, wenn die erste Wunderkerze ihre Sterne abzischt. Weihnachten beginnt viel früher. Mit der ersten, leisen Freude, die in uns aufsteigt, wenn der Duft von frischgebackenen Mailänderli durchs Haus schwebt, wenn in den Geschäften diese fein umzuckerten Adventskalender mit den nostalgischen Winterlandschaften liegen, wenn die Grätti-männer wieder stolz ihre fetten Hagelzuckerbäuche zeigen und wenn das Heilsarmeekorps an einem nebligen Abend vor dem Sammelkübel mit einem Choral loslegt ...

Weihnachten bedeutet für die meisten von uns ein Stück Erinne-rung. Kindheitsglück. Das Warten in der Küche bis das 'Gleggli' schellte, und man wusste: Es ist da gewesen! Das Christkind hat uns auch dieses Jahr nicht vergessen. Man stürmte in die Weih-nachtsstube und stand immer wieder aufs neu halb ohnmächtig vor Glück vor dem Lichterbaum. Allein diese mystische Tanne mit ih-ren funkelnden Kugeln, den flirrenden Silberfäden, den verspon-nenen Glasvögeln und den staniolverpackten Schokolade-Sachen war ein Stück Märchenwelt. Etwas, was es auf dieser Erde gewiss nicht geben konnte. Und deshalb vom Christkind aus einer andern Welt herüber gebracht wurde ...

Mit Weihnachten wurden die meisten Familien-Traditionen verbunden - kleine Riten, die das Fest ausmachten: die Krippe mit der etwas buckligen Heiligen Familie und dem Jesuskind, das Mutter aus Wachs selbst geformt hatte ... der Glasnikolaus auf dem roten Schlitten, der schon bei Grossmutter, als sie selbst noch ein Kind war, am Baum gehangen hatte ... der etwas allzu süsse Hypokras zum Heilig-Abend-Apéro, den eigentlich niemand gerne mochte, der aber einfach dazu gehörte ... das Schüfeli auf den Bohnen und schliesslich die traditionelle Mandarinen-Glace zu den hausgebakkenen Weihnachtsgutzi. - Und dann natürlich der anklagende und dennoch selige Blick aller, wenn sie den Geschenkberg unter dem Baum sahen: „Dabei haben wir doch abgemacht: Dieses Jahr schenken wir nichts!" - Jeder ist froh, dass sich keiner an die Abmachung gehalten hat. Denn Weihnachten ohne Geschenke ist keine Weihnacht. Dabei geht's nicht um die Freude am teuren Geschenk, sondern um die Freude am Schenken ...

Ich liebe Weihnachten, liebe die Adventszeit - liebe Basel, das sich seit ein paar Jahren gerade während dieser Vorfreude-Wochen in einem festlichen Lichterkleid zeigt. Ich freue mich an den prächtigen Schaufenstern - und ich glaube, dass die Verzauberung, die in diesen Wochen geschieht, an unsere Kinder weitergegeben werden sollte. Als geheimnisvolles Erbe, von dem sie später zehren und träumen können, wenn niemand mehr für sie einen Baum rüstet.

Natürlich gibt es moderne pädagogische Auffassungen, die solche Ideen als absoluten Skandal und edukativ unhaltbaren Mist abtun. Sollen sie. Jeder muss auf seine Façon glücklich werden. Ich war's, und ich bin's mit der Weihnachtsfreude - und deshalb kann ich mich auch an diesem Buch hier riesig freuen. Vorfreuen. Und in den Bildern von Beat Trachsler schwelgen. Sie zeigen uns nicht nur die Stadt während ihrer stimmungsvollsten, verzaubertsten Zeit - sie wecken in uns auch Erinnerungen. Etwa, wenn der Dreikäsehoch seine Nase am Schaufenster des Modelleisenbahn-Ladens platt drückt ... oder wenn die Weihnachtsbäume in den Basler Stuben wie verzauberte Glimmerfeen aus der Christkind-welt frohe und traurige Familiengeschichten erzählen.

Beat Trachsler ist ein Meister der Stimmung - er fängt sie mit der Kamera ein. Und lässt sie aus der Feder fliessen. In diesem Buch vereint sich beides zu einem wundersamen Lichterkranz. Ich hoffe, dass er vielen leuchten wird - zur Freude auf Weihnachten. Und zur Freude in uns.

-minu

Der Wienachtsmäärt

Wenn i ame Moorgen Änds Novämber mid em Drämmli an der
Baarfiesserkiirche verbyyfaar und e Hampfle staarggi Männer
ufem wyte Blatz dervoor Brätter und Beggli und Holzwändli ab
eme mächtige Laschtwaagen ablaaden und raaiewyys uf d Bsetzi-
stai hyffele ...

wenn zwai ooder drei Daag speeter us däne Wändli und Beggli
und Brätter uf aimool Buude woorde sinn, wie me si vo der
Heerbschtmäss häär kennt ...

wenn noonemool e baar Daag speeter die Buude meer ooder min-
der glunge deggoriert und mid allergattig Nutzligem oder mit fei-
ne kunschthandwäärggligen Aarbede ooder halt au eppe mit kit-
schigem Giggernillis uffgfillt sinn ...

wenn in der Midaagspause Bänggler und Verkaifferen und Lyt,
wo ime Byyro schaffe, und Schieler gwunderig dur d Gässli zwi-
sche de Buude duure zottlen und derzue d Hailsarmee 'Herbei, o
ihr Gläubigen' posuunt und dääwääg de Lyt bigrifflig macht, si
syyg derno au no doo...

wenn s vo demoorgen am Zääni bis zooben am halber Siibeni als
no Gliewyy und no Grillwiirschtli stinggt, i main: schmeggt ...

wenn die Glainen und die Groossen ime bsundere Holzhyysli
yyfrig am Keerzezie sind ...

wenn der Rolf und der Patrick, zwai vo myne Schieler, mit Kääs-
kiechli-Finger an unser Biecherstand kemmen und in de Wie-

nachtskaarte nielen ooder in mym neischte Buech blettere, und i
mues derzue e frintlig Gsicht mache ...

wenn noon em Yynachte der mächtig Lämplistäärn iber em Buu-
dedeerfli uffgoot ...

dernoo wienächteled s z Baasel, ämmel uff em Seibi. Und gwiis
au äänen am Ryy, uff em Glaareblatz, wo vor der Kiirche wääred
em Advänt jo au e sone Wienachtsmäärt fir die rächti Stimmig
soorgt, zuem bsunderi Gschängg z kauffe.

D Montere

Vo de Montere wiird jo eenter s wyyblig Gschlächt aazooge. Miir
fäält naimeduure der Gspass am Läädele - am Shopping! S dunggt
mi allewyyl, das syyg d Zyt verblämperet, wemmer e Frindyyn
voller Bigaischterig verzellt, hit syyg denn aber ir Gliggsdaag: jetz
haig si doo innen im Augebligg en Oobeglaid fir 795 Frangge
kaufft, wo si geschtert imen andere Glaiderlaade fir s dupfeglyych
800 Frangge hätt miesen aaneblettere - fir s dupfeglyych! Es syyg
sich halt derwäärt, wemme d Bryys dieg verglyyche ...

Vom Glaiff, wo si ghaa het, und vom Gstiirm, wo si dermit d Ver-
kaiffere halber duubedänzig gmacht het, doodervoo het si fryyli
nyt gsait!

Wemmer epper e soonen Erfolgserläbtnis verzellt, derno kunnt
mer allewyyl sälli Noochberen in Sinn, wo bym Uusverkauff vo
aim Laaden in andere ghetzt isch, fir go z luege, eb naime
d Groosspaggig Hyyslibapyyr fimf Santyym billiger syyg. Si het
sich derno als fryyli vo de Strabatzen in ere Confiserie miesen er-
hoole - fir woorschyynlig meer als fimf Santyym!

Wie gsait: naimeduure fäält mer der Gspass am Läädele. Nummen
aimool im Joor, wenn s wienächteled in der Stadt, wenn d Deggo-
radöör mit vyyl Fantasyy und nit sälten au mid eme groosse Bat-
zen e määrlihafti Stimmig um d Kuchidiechli und d Suppehääfe,
um d Belzmäntel ooder die goldige Kettenen und Uure zaubere,
derno blyyb i eppe vor ere Montere stoo und bschau mer die
Bracht. Bim Globus zuem Byspiil lueg i gäärn in d Kinderzyt
zrugg, bim Merkur in d Zuekumpft vo der Fraue-Mooden und bim
Blueme-Dufour in d Geegewaart, wo mer bidytted, i mies derno

non e Maie fir in d Wienachtsstuube haimbringe. S git nadyyrlig non e Huffen anderi Lääde, wo sich au hailoos Mie gänn, d Lyt z animiere, fir dass si s Boorpmenee uffmachen und Gschängg kauffe. Das isch zwor allewyyl esoo gsii. Haisst s nit scho im Gidicht vom 'Sandmaitli':

Und nääbedraa, im Mantel waarm
goot männgi Huusfrau; schwäär am Aarm
hängt ere d Däsche, denn si het
gar ryychlig yykaufft und gaar nätt.
Im Sammedbelz, es isch e Bracht,
die ryychi Daamen Yykaiff macht.
Waas s numme Scheens und Koschbers git,
daas bschtellt si glyy und bsinnt sich nit.

Hitten isch es mid em Iberdryybe bym Wienachtsgschängg-Kauffe kai bitzli besser! Wie männgi Mueter und wie männge Getti stoot verlääge vor em Verkaiffer und waiss nit, eb si s em Noowuggs au rächt mache, eb s ächt nit z boofer isch, wenn sin em nummen e Lab-Top ooder e CD-Player Maargge 'Noonemool besser' under s Baimli leege.

Gottsaidangg git s aber au no anderi Hääfeli- und Brimmelischieler, soonigi, wo no Fraid händ amene Ditti ooder am ene Waggon fir die eleggtrischi Yysebaan. I dängg s allewyyl wiider, wenn i e sone Hoosegnopf gsee, wo sich mid em offene Muul und mid Auge so grooss wie d Reedli vome Laiterwäägeli vor ere Montere verwyylt.

Im Liecht vo den eleggtrische Lämpli

„Waas, simmer scho wiider im Advänt?", froog i mi als verstuunt, wenn i die Freii Strooss durab gang und gsee, wie wiider z dausigewyys Gliebiirli in d Fassigen an de metallige Gstell gschrubt wäärde, wo derno wie Triumpfbeegen iber der Strooss schwääbe.

Am Daag machen aim jo die wienächtlige Deggorazioone, wo die ainzelnen 'Inträssegmainschafte' dermit der Stadt e feschtlig Glaid aaleege, kai bsunderen Yydrugg, aber wenn s dimbered und alli die Lämpli brenne, derno isch das nit nyt! Vo der Muschtermäss bis ooben an die Freii Strooss, vom Määrt bis zooberscht am Spaalebäärg ooder an d Haiwoog fiire kaa men im Schyyn vo den eleggtrische Lämpli flaniere. Zwoor, wenn d Lääden offe hänn, gsiit me kuum epper flaniere. Haschte wäär emänd s besser Woort. D Lyt hetzen umenander grad wie im Gidicht 'Das Lied von der Glocke', wo der Schiller e Stuurmwätter bischrybt und sait: „alles rennet, rettet, flüchtet". S dunggt aim wäärli, d Lyt syyge mid ire Blaschtygg'gugge volle Gschängg uff der Flucht! I haan emool e Väärsli gmacht iber s Ghetz vor der Wienacht. I bii fryyli nid iiberaal guet aakoo dermit, bsunders nit by de Gschäftslyt:

Letschti sait e Frind, iim stinggi s,
wenn er dängg an d Wienachtszyt;
mit der Frau und mit de Binggis
hau är s ab, und zwoor scheen wyt.

S dungg em drum e Witz, dä Rummel,
wo me miech in unsrer Stadt,
daas syyg doch kai Yykaufs-Bummel,
daas syyg Stress und ganz nit glatt.

„S Schängge nämlig gheert zuer Wienacht,
numme: Isch das non e Fraid,
wenn aim s Gschängger-Kauffe Mie macht?
Nai, säll due mer nimme zlaid!"

Joo, s isch woor, s wird als wie lyter,
s Fescht, wo d Stilli s eerscht sott syy!
Mit der Voorfraid isch s au schyter
woorde, z Baasel an mym Ryy.

Nai, was macht wäge däm Stindli,
wo me fyyrt, me nit fir Dänz!
Wäär s emänd nid e fein Findli,
bschaide z fyyre, ooni Pflänz?

Numme so in d Keerzli z stuune
und an d Kuugelen im Baum,
zfriiden und in gueter Luune
d Wienacht z nää as guete Draum?

Wäär in e gueti Adväntsstimmig yynekoo mecht, dä sott emänd,
wenn s yynachted, vom Minschter ewägg dur d Rittergass und
d Dalbe duruus ins Dalbeloch aabe *flaniere ...*

D Wienachtsbaim im Häärz vo der Stadt

Wemme Bäch het, derno macht der Dannebaum, wo me fir dyyr
Gäld bym Baimliverkaiffer bsoorgt het, scho by der Metamorfoo-
se zuem Wienachtsbaum der Lätsch: no bivoor em d Keerzli s
eerscht Mool waarm gmacht hänn, lyt e Noodlesäägen uff em
Deppig. Es wuurd, nääbebyy gsait, au nyt nutze, wemme dä Baum
eerscht e baar Stund vor der Bschäärig wuurd haimfeerge. D`
Noodle wuurden ainewääg nit besser heebe, wil nämlig die Dan-
nebaim scho im Oggdoober abghaue wäärden und woorschyynlig
in halb Eiroopaa underwäggs sinn, bis si äntlig am Dootedanz, an
der Schiffländi ooder zmitts uff em Beetersblatz lande.

Apropoo 'fir dyyr Gäld': Si kenne hoffetlig die humoorigi
Gschicht, wo der Baldi Baerwart 1936 vom Missi, däm greilige
Gyzgnäpper, verzellt het, wo im Ryynacher Wald het wellen e
Dannebaimli go fräävle. Dass i si uf em Kassettli, wo zuem Buech
'z Baasel under em Wienachtsbaum' uusekoo isch, voorliis, säll
verroot Ene nadyyrlig nit, aber daas saag Ene: mache Si nit der
glyych Bleedsinn wie der Missi!

I glaub, s Scheenscht an der wienächtlige Deggorazioon in unserer
Stadt sind usser de Gyyrlanden us Dannezwyyg, wo me doo und
deert an de Fänschter ooder Diire gsiit, die groossen und glaine
Dannebaim, wo allewyyl e baar Daag vor em eerschten Advänt
wie Schwimm zuem Booden uus schiesse. Wie wiird doch e
läärmige Stroosseneggen ooder e muusgraui Fasaaden uf aimool
feschtlig, wenn d Lämpli an soomene Baum feend aafo straale.
Und eerscht no, wenn s e weeni dry'yyne gschneit het!

Vo alle Dannebaim, wo in de Gassen und uff de Blätz uffgstellt und an de Hyyser montiert wäärde, wiird sällen im Hoof vom Roothuus gwiis am maischten aagluegt. Druube vo Lyt stuunen als wiider dä mächtig, brächtig Wienachtsbaum aa. Er isch fascht eso eppis wien e Symbool derfiir, dass es z Baasel wienächteled.

Kuugele, Keerzen und Glitzerzyyg

Fir mii isch der scheenscht Helge, wo s Wienachtskuugele druff het, als no dää vom Niggi Steggli. Er het die Kartongschachtle, wo der Deggel e weeni iiberzwäärch drufflyt, so dass men nummen e Dail vo däm Dotzed Kuugele, wo drinn isch, gsiit, in der Manier vo der soginannte Neie Sachligkait fotorealistisch gmoolt, und zwoor Ane 1939, in ere Zyt, wo d Wienacht wider emol en anderi Bidyttig ghaa het als zuem Byspiil hitte, in ere Zyt au, wo men in de Waarehyyser das verbrächlig Glitzerzyyg noonig als Fabriggwaar ghufftig uff de Disch und in de Schäft aadroffe het, wemme der Wienachtsbaumschmugg het miesen ergänze, wo no vo der Uuräänigroossmammen und der Groossmamme häärkoo isch. Nid eppe, wil me bim Fiirehoole die aint oder anderi Kuugele verdruggt hätt, naai, wil me nit het kennen abwingge, won aim der Baimliverkaiffer e vyyl z groosse Baum uffgschwätzt het und jetz vo allem zweenig doo gsii isch.

Wienachtskuugelen us Glaas git s jo glyyn emool syt 150 Joor. Erfunde hänn si d Glaasbleeser im Thüringer Wald. Wie s derno wytergangen isch mid em gleesige Wienachtsbaumschmugg, wo deert no hittigsdaags mid em Muul bloosen und vo Hand aagmoolt wiird, daas verzellt der Johann Wanner - ganz rächt: der Wienachtsschmugg-Wanner am Spaalebäärg! - im Buech 'z Baasel under em Wienachtsbaum', wo men in jeedere Famyylie findet, wo no Wienacht gfyyrt wiird.

Wie gsait: Me kaa im Advänt au in andere Lääde Wienachtsschmugg kauffe, aber der Spaalebäärg 14 isch halt dooderfiir doch e bsunderi Adrässe, aini, wo me bis uf Ameerikaa kennt. S ganz Joor duuren isch by s Wanners im hindere Dail vom Laade

Wienacht, und wil ene, wenn s z Baasel wienächteled, d Lyt d
Diiren yyrenne, hänn si in sälle Wuchen als an der Schnyydergass
e zwaite Laaden yygrichted, wo alli die Kuugelen und Gleggli,
Ängeli und Drumbeetli, Veegeli und Teddybäärli, die kinschtligen
Adväntsgränz und Wienachtsbaim, wo in alle meeglige Stiil uff-
gmutzt sinnd, no besser zuer Gältig kemme. Fir epper, won e
lyychte Stich ins Kitschig het, isch daas nadyyrlig e Paredyys!

Was wäär e Wienachtsbaum ooni Keerzli? Au dooderfiir git s in
unserer Stadt nadyyrlig bsunderi Lääden ooder ämmel en Egge
dervoo. Ais vo dääne Keerzestiibli mid ere feinen Uuswaal, wo
men au s Joor duure nit vergääben yyneluegt, kunnt mer grad in
Sinn. S het unden innen e Drogerie und s isch nit wyt vom Seibi
ewägg.

Apropoo: aine vo dääne, won au nit nummen am Hailigen Ooben
an Wienachtsbaum dänggt und bsunders an säll, wo me
draahänggt, isch dää Mössiöö, wo syt zwanzig Joor scho an der
Heerbschtmäss uf em Beetersblatz in syyner Buude so Sächeli fail
het. Es isch der nämmlig Mössiöö, wo das Buech - fascht freiwil-
lig - mid eme Voorwoort garniert het ...

D Wienachtskrippe

Wo der Groossbappe Schängg noon eme Verkeersunfall - en ii-bermietige Halbstaargge het en mit sym Spoortwäägeli ab em Weeloo aabegschupft ghaa - uff em Gottsagger glääge isch, het d Groossmamme Schängg als by uns d Wienacht gfyyrt. S Wienachtskindli kääm drum nimme zue alte Lyt, het si gsait ...

My Guusyynen Adrienne, won e weeni elter gsii isch als yych, het au e männge Summer by der Groossmamme Schängg deerfen e baar Wuche vo de Schuelfeerie verlääbe. Es isch kai laid Spiilka-meräädli gsii - fir e Maitli! Wenn s gräägned het oder wemmer zuer Strooff nid im Gaarte, wo eenter e Paargg mit Kiiswääg und mächtigen alte Baim gsii isch, hänn deerfen unseri Spiiler mache, simmer im wytlaiffige Huus uf Rekognozierigsrais. By soonere Gläägehait simmer au emool bis under s Dach uffe koo, wo der Eschtrigg und d Mansaarde gsii sinn. Aigetlig isch daas fir uns e verbotte Gebiet gsii, aber der Gwunder het is scho lang gstoche, was denn aigetlig do oobe kennt syy, wo miir Kinder nit hätte deerfe wisse.

Mer händ ai Mansaarden um die ander uffbschlossen und yyne-giggeled. S isch aber im Dimber nyt Bsunders z gsee gsii: alti Meebel, wo zuem Dail mid uusgrangschierte Lyyndiecher zue-deggt gsii sinn, vollgstopfti Biecherschäft, Keerb mid allem meeglige Zyyg dinne, Gufferen in alle Greessene ...

Die hinderschti Mansaarden isch bschlosse gsii, und der Schlissel isch nit wie by den andere gstäggt. Äs wiss, wo der Schlissel ver-steggt syyg, het s Adrienne gsait, dunden im Schlisselkäschtli, s haig en Ettiggettli draa.

Nid lang, und mer steend in dääre Mansaarden inne. Zeerscht het me fascht nyt gsee, wil d Umhäng zuezooge gsii sinn. Mer händ is nit gidraut, si uffzmache, aber am Liechtschalter, wo s Adrienne, wenn s zeecheled het, grad het kennen erlänge, hämmer muetig draait, und derno hämmer im schwache Schyyn vo der blutte Bii-re, wo in ere Fassig inne gstäägt isch, an de Wänd noochen e Huffe Kartongschachtle gsee und e Ständer fir der Wienachts-baum. In ainere vo dääne Schachtle - s isch fascht die greeschti gsii - hämmer d Krippe gfunde, wo als bym Groossbappe Schängg under em Wienachtsbaum uffgstellt gsii isch.

Nit numme, wil d Luft in der Mansaarde dippig gsii isch, sondere wil s is au sunscht rächt waarm gmacht het, simmer mid eme weeni en unguete Gwisse glyy wider d Stääge durab! Hejoo, die Erwaggsene hänn drum gmaint, mir dääte als no an Santiniggi-näggi und ans Wienachtskindli glaube. Und mer händ is geegesy-tig versproche, mer welle niemetsem nyt vo unserem Fund verroote.

S Adrienne het sich derno an der näggschte Wienacht ainewääg verschwätzt: Wo mer alli um der Baum umme gsässe sind, het my Mammen ufaimool gsait, es nääm si numme wunder, wo aigetlig die scheeni Krippen aanekoo syyg, wo der Groossbappen emool us em Bayrische mitbrocht haig. Ääs wiss, wo si syyg, het sich doo s Adrienne wie us der Kanoone gschosse gmälded. S hänn s alli verstuunt aagluegt, und derno sinn Zwai mid eme roote Kopf doogsässe ... Sunscht aaber isch s e ganz passaabel Spiilka-meräädli gsii - fir e Maitli!

Wäär, wenn s z Baasel wienächteled, e ganz e Huffe Krippe mecht go bschauen ooder sogaar aini go kauffe, dää mues nummen in d Uusstellig vom Haimedwäärgg, wo im Stadthuus syd e baar Joor yygrichted isch.

Nid eso aifach het s, wäär der biriemtscht und scheenscht Baasler Wienachtshelge mecht bschaue, wo me s Stäli druff gsiit. Das Dransbaränt, wo der Marquard Wocher 1804 im Uffdraag vom Syydeheer Benedict Staehelin-Reber fir die Evangeelyschi Brieder-Sozieteet gmoolt het, isch bis ins Joor 1821 als am Hailigen Ooben effetlig zaigt woorde. Wil s aber sällmool dääwääg vyyl Lyt hännd welle gsee, het me dermit uffgheert. Hitte wiird dä fein Helgen im Zinzedoorfhuus an der Laimestrooss uffbhalte.

Und wäär sich ändsalleränds e baar bsinnligi Augebligg im Advänt oder under em Wienachtsbaum mecht bschääre, dää liist em Blasius sy unvergänglig Gidicht 'D Wienachtskrippe':

Grad vor der Wienacht, scho syt vyyle Joore
stell i dehaim die alti Krippen uff.
I waiss, die stilli Stund isch nie verloore;
i dängg scho voorhäär draa und frai mi druff.

Am Boode leeg i Moos und scheeni Greeser,
mit Stai und Äärde bau i Bäärg und Land.
E See entstoot uus alte Spiegelgleeser,
duur d Felse laufft e schmaale Wääg us Sand.

Und d Keenig loss i iber d Matte schryte,
die fromme Hiirte steen by Oggs und Rind,
und wie zuem Gruess us fäärne Himmelswyte
naigt sich der Ängel vor em Krippekind.

Und by mym Schaffe han i - will s mer schyyne -
nit nummen uffgstellt, baut und Wäägli glegt;
i gspyr, i bau in unsri Krippen yyne
männgs, wo mi blogt, männgs, wo mer s Häärz biwegt.

Und doch, isch s feertig, mues i aafo roote,
und männge Zwyyfel wott mi iberkoo:
Isch, was i gschafft und dänggt ha, wiirgglig groote?
Wird au my Wäärgg im Wienachtsliecht bistoo?

Wart s ab und glaub: kai Baustai isch vergääbe.
Wenn d Keerze lyychte, bisch dy Soorge loos.
Us Glaas wird Glanz, us dootem Stai wird Lääbe,
und Blueme blieje zmitts im diire Moos.

Im Himmelsliecht geen alli Zwyyfel under.
D Verhaissig gspyyrt, wär mied no isch und grangg.
Und vor der Krippe, vor em Stäärnewunder
sait froo dy Häärz sy stille Wienachtsdangg.

In der Wienachtsstuube

Do yyne kemmen alli, Grooss und Glai -
aazunden isch der Baum, und d Diir isch off!
S het wäärli s Wienachtskindli allerlai
hit gstyyrt, und jeedem eppis, wien i hoff.

Der Theodor Meyer-Meeriaa, wo sällmool Spitteldiräggter gsii
isch, het s Gidicht 'Wienachtsfraid', wo mit dääne Zyylen aafoot,
Ane 1857 gmacht, das haisst numme dryzää Joor speeter, als me z
Baasel s eerscht Mool e Wienachtsbaum mit Keerzli ghaa het,
nämlig am Sunntig noon em Hailigen Ooben uff der Stuube vo der
Eerewäärte Zumft zue Gaartnere.

Vo deert ewägg isch s derno Bruuch gsii, dass men au dehaim
Keerzli uff d Zwyyg vom Baimli gläbt het. Nääbebyy: mid eme
Dannebaum sinn schyynts by uns Schnyydergselle Ane 1597 um-
mezooge. Si händ Epfel und Kääs draaghängt ghaa. Wo si mid
irem Umgang feertig gsii sinn, hänn si das Baimli in iri Häärbäärg
gnoo und deert blindered.

Me gsiit: Der Her -minu zuem Byspiil hätt Mie ghaa, wenn er sy
biriemte Wienachtsbaum, wo graaglig voll isch vo allergattig
gleesigem Glitzerzyyg, hätt welle mache. Er hätt miese Tête de
moine-Meggli draahängge, und was dooderbyy uusekoo wäär,
won er doch sy Baum männgi Wuche lang stoo losst!

Me kaa mer verzelle, waas me wott, aber fir mii isch s allewyyl
wiider e bsunder Erläbtnis, wenn i no alle dääne kintschtlige Baim
mit den eleggtrische Lämpli draa, wo men im Advänt in der Stadt
umme gsiit, am Hailigen Oobe dehaim under em 'lääbige'

Baimli sitz. S goot mer doo wie mid em Moorgestraich: Alle Jahre wieder - und jeedes Mool nei! E Wienachtsbaum mit glänzige Kuugelen und Keerzli, wo still aabebrenne, isch wien e Ghaimnis, wo bym Daagesliecht am andere Moorge verfloogen isch. Und alles gheert zämme: der Baum und Krippen und s Singen und s Väärsliuffsaagen ooder, wenn kaini Binggis mee im Huus sind, weenigschtens s Lääse vo der Wienachtsgschicht.

Noonig lang haan i e Dittihuus gsee, wo ai Stuube mit vyyl Liebi as Wienachtsstuuben yygrichted gsii isch. Am Baimli het s rooti Mini-Keerzli und rooti Kiigeli ghaa, ganz dradizionell. Und ais- mool isch mer yygfalle, dass es jo im Riechemer Spiilzyygmu- seeum zwai nuggischi Wienachts-Motyyv het: 's Amélie und iri Wienachtsgschängg' und 'Der Keenig Nussgnagger und der aarm Rainhold', baides het der Baasler Architäggt und.Kunscht-mooler Hans Peter His zämmegstellt.

A jä, daas haan i no welle saage: D Eltere finde s jo vyylmool glunge, wenn d Kinder, wo si leend en Inschtrumänt lo leere, un- der em Wienachtsbaum vor der versammlede Verwandtschaft zai- ge, was si kenne. Miir isch s nid anderscht gange. Kuum haan i e baar Doonlaiteren uff der Gyyge kenne gratze, isch s loosgange. Won i derno in Stimmbruch koo bii, han i deerfe singe leere. Säll het fir mii derno der Voortel ghaa, dass i vor der Brieffig under em Wienachtsbaum ha kenne verkinde: a cappella, ooni Biglaitig, sing i nit. Er miend alli mitmache!

S Wienachtsässe

Wenn unseri Mamme sälbetsmool, wo der Baldi Baerwart non e Bueb gsii isch, hätt miese der Wienachtsbaum im ghaime fir uns Kinder zwäägmache, wäär si allwääg rächt ins Schwitze koo. Es isch nämlig in den achzger Joor vom voorige Jorhundert non e Biez gsii, d Keerzli mit de Drepfe von eren andere Keerze dääwääg uff d Zwyyg z glääbe, dass si au ghebt händ. Hejoo, me het drum die kummlige bläächige Halterli no nit kennt. Unäntlig Zyt het unseri Mamme, won ere kaini Mägd an d Hand gange sinn, fir der Baum z mache, drum nit ghaa. An was het si nid alles miese dängge, was het si nid alles miese baraad mache, fir dass derno d Fyyr wien am Schnierli het kennen abspuele!

Bis nummen emool d Wienachtsstuuben im Schuss gsii isch! Mer händ als gmaint, d Frieligsbutzede syyg scho wiider akuut. Kai Staubkeernli het deerfen uff em anderen oobe blyybe. Dängg me doch au: d Danten Emmy, wo allewyyl - nadyyrlig nid äxtraa! - mit spitzige Finger iber d Meebel gfaaren isch, hätt e sone Staub-keernli gfunde!

Und derno d Voorbiraitige fir s Ässe! Daas Gschlaigg, bis alles äntlig im Huus gsii isch, wo me het wellen ooder - vo wäge der Dradizioon - het miesen uffdische! Der Disch - das isch nadyyrlig au e Brogrammpunggt gsii. Me het sällmool no nit Dischdiecher und Seerwietten in alle Faarbe ghaa. Uff bländig wyssem Da-mascht sinn s Famyyliesilber und s Sunntigsgschiir zwische däne kaibe verbrächlige Gleeser glääge. Und uff de Seerwiette het s e Grischtreesli ghaa, oder wenn die z dyyr gsii sinn, halt eppen e Näägeli. Dischkäärtli het s kaini bruucht. S hänn alli gwisst, wo si mien aanesitze.

S Bescht vo allem - uusgnoo d Wienachtsgutzi - sinn fir uns Kinder d Sunntigsbaschteetli gsii, wo s am Hailigen Oobe gää het.
Der Vatter het zwoor als au dervoo gässe, aber no lieber het er e zimpftige Schnääfel vom wäärschafte Schyyfeli ghaa, wo mer am Daag druff zuem Midaagässe gschnabuliert hänn.

Woorschyynlig sait d Johanna von der Mühll in irem glungene Buech 'Basler Sitten, Herkommen und Brauch im häuslichen Leben einer städtischen Bürgerschaft' - es isch juschtemänt vor eme halbe Jorhundert s eerscht Mool uusekoo - nid umesuscht nyt iber s Ässen und Dringgen an der Wienacht. Es het sich halt in jeeder Famyylie nootinoo en aigeni Dradizioon entwiggled, wie me das Fescht kulinaarisch gfyyrt het, und das isch au rächt esoo!

Wenn alli Gloggc lyte ...

I waiss nit, eb s anderen au eso goot: Wenn am Hailigen Oobe d
Keerzli am Baum verglumst sinn, wenn s no ganz fyyn raicheled
und no Waggs schmeggt in der Stuube, wenn die Verwandte mit
de Gschängg, won ene s Wienachtskindli brocht het, uff em
Haimwääg sinn, derno gang i gäärn noonemool voruuse.

I gang fir e Wyyli uff der Minschterhiibel, fir d Yydrigg vom
Fescht z bischele. I lueg vo der Pfalz obenaaben iber my liebi
Stadt und in Ryy, wo sich d Liechter drinn spieglen und en ganz
grischtallig mache. I schnuuf die kieli Nachtluft yy, loos em
fromme Glyt vo de Minschterglogge zue und frai mi häärzlig draa,
dass es wiider emool het deerfe Wienacht wäärde.

Wenn alli Glogge lyte
vo der Pfalz ins Glingedaal
und sunscht vo alle Syte,
wiird s Wienacht iiberaal ...